PEOPLE MAGNET

心をとらえる60の法則

マーク・レクラウ
弓場 隆 訳

Discover

How to Become a People Magnet
by Marc Reklau

CONTENTS

第1章 人と接するうえで大切なこと

第2章

相手に敬意を示す

第3章

信頼関係を築く

第 **4** 章

相手の長所を引き出す

第5章

相手の自尊心を大切にする

第6章

周囲の人を幸福にする

第 7 章

相手の人生に貢献する

はじめに

人生の成功と幸福の大半は、他人とどれだけうまくやっていけるかにかかっています。成功と幸福は人によって意味合いがかなり異なりますが、「人と上手に接する」という共通項があります。

この分野のエキスパートとして知られるレス・ギブリンは、「人と上手に接することができれば、仕事の成功の85%が実現し、人生の幸福の99%が手に入る」と主張しています。まったくそのとおりです。誰にとっても、人と上手に接することができるかどうかは大きな課題であり、人生の幸不幸を分けることになります。

朗報を紹介しましょう。人と上手に接する方法は後天的に学ぶことができます。しかも相手のプライドを傷つけないので、お互いに得をします。

どの分野であれ、成功している人は人と上手に接するすべを心得ています。

もちろん例外はありますが、成功と幸福の扉を開く究極のカギは、人と上手に接することです。また、強固な人間関係を築いている人は、たいてい幸せで充実した人生を送ることができます。

成功している人が必ずしも高度な仕事のスキルを持っているとはかぎりませんし、幸福な人生を送っている人が必ずしも頭がいいわけではありません。彼らは人と上手に接する方法を学んで実行しているのです。

他人に好いてもらうように強制することはできませんが、人と上手に接することができれば、どんな人でも魔法にかかったように喜んで協力してくれます。

では、さっそく始めましょう。あたりまえのことばかりですが、どれも忘れがちなことです。おさらいを兼ねて楽しみながら、人と上手に接する効果的な方法を学んでください。

マーク・レクラウ

第 1 章

人と接するうえで大切なこと

1

人間とはどういうものかを理解する

人間関係の技術を身につけたいなら、まず人間とはどういうものかを理解しなければなりません。つまり、なんらかの状況で人びとがどのような対応をするか、そしてそれはなぜかを知っておく必要があるのです。

人間とはどういうものかを理解するというのは、人間のありのままの姿を直視することです。

では、人間とはどういうものなのか？　それをこれから明らかにしましょう。

率直に言って、人びとはとりわけ自分に関心があります。あなたがどんな人であろうと、人びとは常にあなたより自分に大きな関心を抱いています。あなた自身、他人より自分に大きな関心を抱いているはずです。たとえば、自分が写っている集合写真で真っ先に探すのは誰ですか？　おそらく自分自身のはずです。しかし、それは

提案

誰もが常に自分の利益を追求していることを理解しよう。

けっしておかしなことではありません。人間とはそういうものなのです。

以上のことを真実として受け入れましょう。あなたは他人よりも自分に大きな関心を抱いているはずですが、それでも他人のために善行を施すことができます。

人びとは自分の利益を追求するために行動します。しかし、それ自体は正常ですから、弁解したり恥じたりする必要はありません。自分の利益を追求しようとするのは人間本来の姿です。それは太古の昔からそうでしたし、今後もずっとそうです。

すべての人間関係で、人びとは「この人とかかわって、どんなメリットがあるか？」と心の中で考えています。あなたもすべての人間関係で意識的あるいは無意識的にこの質問を自分に投げかけているはずです。

といっても、それはけっして悪いことではありません。なぜなら、この真実を受け入れれば、他人とのやりとりの中でそれをうまく活用できるからです。次項から紹介する方法は、この原理に基づいています。

2

相手を会話の中心にする

どんな人でも興味をそそられる会話の最大のテーマを知っていますか？

それは「自分自身」です。

といっても、皮肉ではありません。これはまぎれもない真実です。

あなたが相手を会話のテーマに選べば、相手は喜んで話をしてくれるはずです。なぜなら、相手はそのテーマに大きな関心を示すからです。

パーティーに行って誰かと話したとき、その人が延々と自分について話すのを聞かされて、うんざりしたことはありませんか？

その一方で、誰かがあなたについて適切な質問をし、話をじっくり聞いてくれたとき、どう感じましたか？

あなたはどちらのタイプの人が好きですか？

提案

相手に自分自身について話してもらおう。

相手と話すときは、会話の中心を自分ではなく相手にするように配慮すると心をとらえることができます。

たとえば、こんな質問が効果的です。

「どんなお仕事をしていらっしゃるのですか？」

「趣味は何ですか？」

「好きな〇〇は何ですか？」

「最近、調子はいかがですか？」

「何かしてみたいことはありますか？」

誠実な気持ちで相手に関心を示し、相手が自分自身について話すように会話を誘導しましょう。人は皆、自分について話すのが大好きだという事実をよく覚えておいてください。

3 相手を重要な存在として扱う

人びとを突き動かす原動力は何でしょうか？

よかれあしかれ、人びとがなんらかの行動をとるのはなぜでしょうか？

その答えは、相手に認められたいという願望です。どんな人でも「自分に気づいてほしい」「自分を重要な存在として扱ってほしい」と思っています。つまり、人は皆、自分の存在価値を他人に認めてほしいのです。

これが人びとの行動原理です（多くの善良な人が素晴らしいことをする原動力であるだけでなく、悪い人が目立とうとして悪いことをする原動力でもあります）。

すべての人に共通するこの願望を活用して、ふだんの人間関係を改善しましょう。

当然、あなたは誠実な気持ちで相手に接しなければなりません。このテクニックの目的は、自分の利益追求のために相手を利用することではなく、相手を動かしてお互い

提案

認められたいという相手の願望を満たす努力をしよう。

の利益をはかることです。

人の心をとらえる優秀なリーダーをたたえるとき、人びとは「チームの一人ひとりが重要な存在だと感じられるように配慮してくれる人だ」と言います。

これが私たちのめざすべき境地です。周囲の人からこんなふうに言われるようになりたいものです。相手を重要な存在とみなしていることを伝えれば、その度合いに応じて相手は好意的に対応してくれます。

相手を重要な存在として扱うことを心がけましょう。あなたも重要な存在として扱ってほしいはずです。

当然、相手を無視したり見下したりしてはいけません。相手の名前を呼び、心を込めてほめましょう。相手の話に耳を傾けてください。重要な存在として扱ってもらっていると相手に感じさせることが大切です。

4

相手の意見に賛同する

このテクニックはあなたの成功を大きく後押ししてくれます。実際、相手の意見に賛同することほど成功に役立つ習慣はないと言っても過言ではありません。

なぜでしょうか？

まず、人は皆、自分の意見に賛同してくれる人を好きになります。次に、人は皆、自分の意見に反対する人を嫌います。

あなたは自分の意見に反対する人が好きですか？

相手の意見に賛同する習慣を身につけましょう。相手が何かを言ったら賛同してうなずき、「たしかにそうですね。私もそう思います」と言えばいいのです。

「反対意見を述べるのは愚か者でもできる」という格言があります。愚かな人ほど反論したがるという意味です。たいていの場合、きっとそうでしょう。

提案

必要なとき以外は反論したくなる衝動を抑えよう。

一方、相手の意見に賛同するのは非常に賢明な判断だといえます。相手に反論するのは、そうせざるをえないときに限定すべきです。

といっても、心配する必要はありません。それはそんなによくあることではありません。

もし相手の意見に反論する必要があると思ったら、「正しさを優先すべきか、和を重んじるべきか？」という究極の質問を自分に投げかけてください。

どんな場合でも相手との議論は避けたほうが得策です。なぜなら、議論をすると双方が損をするからです。片方は議論に負けて悔しい思いをし、他方は正しい主張をしても友達を失います。

議論をすることによって友達ができることはまずありません。議論をしたがる人と一緒に過ごしたいと思う人がいるでしょうか。

5

心を込めて微笑む

「よい第一印象を与えるチャンスは二度と訪れない」という格言があります。古くて新鮮味がないと思うかもしれませんが、この格言は今でも真実です。

人びとは相手に好意を抱くかどうかを無意識のうちに数秒で判断します。つまり、最初の数秒で相手との関係の方向性が決まるのです。いったんその決定がくだされると、それを変えるのは至難のわざです。たいていの場合、会ったばかりの相手はあなたとどう接するかをすぐに決めています。たとえば、面接の担当者はあなたと出会った瞬間に採用するかどうかを無意識に決めています。

最初の数秒間で相手に好印象を与えて協力してもらう方法を知っていますか？

それは心を込めて微笑むことです。当然、作り笑いではうまくいきません。

相手と目を合わせながら、心を込めて微笑みましょう。微笑みは奇跡を起こしま

提案

つらいときこそ微笑もう。

す。相手に微笑みかけたら何が起きるか試してください。電話で話しているときも微笑みましょう。電話越しでも相手はそれに気づくはずです。

微笑みは伝染しますから、相手もたいてい微笑んでくれます。人間関係では相手に対してしたことが自分に返ってきます。したがって、相手に親切にすれば、相手も親切にしてくれますし、逆も同様です。もちろん例外はありますが、心の込もった接し方をすれば、たいてい相手も応じてくれるものです。

微笑むことは健康にも好ましい影響を与えます。たえず微笑んでいると精神状態がよくなるからです。心拍数が下がり、困難な状況に直面してもストレスがやわらぎます。すべてがうまくいっているというシグナルを脳に送ることもできます。長寿との相関関係を指摘する研究も報告されています。

微笑んでいる人は自信にあふれた印象を与え、人びとから信頼されます。人は皆、微笑んでいる人と一緒にいたがるものです。

6

好印象を与える

あなたは、自分自身をどう扱うかによって自分の扱い方を相手に教えています。だから、もし好印象を与えたいなら、自分を大切に扱う必要があります。相手に高く評価してもらう前に、まず自分を高く評価することが重要です。

自分を信じていないなら、相手に信じてもらえません。自分を誇りに思ってください。もちろん傲慢になってはいけませんが、卑屈になってもいけません。健全な自尊心を持つことが不可欠です。自分が他の人より優れているわけではないことを肝に銘じましょう。と同時に、自分が他の人より劣っているわけではないことも覚えておいてください。

あなたは自分の振る舞いを通じて、自分に対する相手の評価に影響をおよぼすことができます。相手に好印象を与えるように振る舞ってください。

提案

自分を大切に扱うと同時に、誰に対しても誠実な態度をとろう。

誇りと自信を持ちましょう。誰に対しても誠実な態度をとってください。心にもないお世辞を言うのではなく、心を込めてほめることが大切です。うわべだけのほめ言葉はすぐに見透かされ、逆効果になります。よい評判を確立するには何か月も何年もかかりますが、それをぶち壊すのは数秒しかかかりません。

好印象を与えるためにしてはいけないのは、くよくよすることです。悲観的な態度をとると、相手は不信感を抱きます。

他人をけなして自分をよく見せようとするのもよくありません。そんなことをすると姑息な印象を与えるので、相手は離れていきます。

あなたには親切に接してくれるけれど、給仕係には不親切な人はいい人ではありません。そういう人とは距離を置いたほうが得策です。さらにもっと大切なのは、あなた自身がそういう人にならないことです。

7

相手に関心を示す

人の心をとらえる効果的な方法は、相手に関心を示すことです。

たとえば、どこに住んでいようと、その地域で最も重要なテーマを話題にすれば、たいてい友達をつくることができます。

相手が何に興味を持っているかを見きわめ、それについて話しましょう。これはプライベートな交友関係に役立つだけでなく、仕事でもチャンスを手に入れるきっかけになります。

昨今、それは以前より簡単になりました。ビジネスの会合であれ、個人の話し合いであれ、ＳＮＳを利用すれば相手の関心事をすぐに知ることができるからです。相手の関心事をあらかじめ調べておけば、成果を得やすくなります。実際、相手の関心事を前もって調べて売り上げを伸ばしているセールスマンはたくさんいます。彼らはそうやって顧客とのつながりをつくって販売に結びつけているのです。

自分のことばかり考えてはいけません。自分の功績を披露して相手に感銘を与えようとするのではなく、誠実な気持ちで相手のことに関心を示し、それについて話しましょう。

相手の心をとらえるためには、友好的な態度を示すことが大切です。それはたんにあいさつをするというだけでもいいのです。多くの人は自分のことばかり考えていて、あいさつすらしません。人に会ったら愛想よく振る舞いましょう。たとえ電話口でも、微笑んでいると相手に伝わります。

人は皆、自分を認めてもらい、ほめてほしいと思っています。相手のことに関心を示せば、相手もあなたに関心を示してくれます。もちろん、それは誠実なものでなければなりません。うわべだけのほめ言葉はすぐに見抜かれます。

提案

相手が何に関心を持っているかを知ろう。

8

受け入れ、認め、感謝する

人は皆、誰からも好かれたいと思っています。では、人の心をとらえるにはどうすればいいのでしょうか。

それには3つの要素があります。

1つ目は、相手を受け入れることです。あまりにも単純明快ですが、意外と難しいかもしれません。次の事実を覚えておいてください。他人はあなたとは違います。彼らはあなたと同様、完璧ではありません。あなたがどんなにがんばっても、たぶん彼らを変えることはできません。彼らはあなたとは価値観が違うので、たいていの場合、期待に応えようとしません。したがって、相手をあるがままに受け入れることが最善策になります。

2つ目は、相手を認めることです。相手がどんな欠点を持っていようと、その人について認めるべきことは必ず見つかります。それを相手に伝えてください。相手は自分のいい部分を認めてもらうと気分をよくして、もっと認めてもらうためにより一層の努力をします。

3つ目は、相手に感謝することです。感謝の気持ちは、この世で愛の次に大きな力を持っています。結婚生活がうまくいかなくなるのはいつでしょうか？　相手に感謝しなくなったときです。では、幸せが育まれるのはいつでしょうか？　家族、従業員、上司、顧客に感謝するときです。

相手に感謝していることを伝えましょう。相手を特別な存在として扱いましょう。感謝の気持ちを言葉で表現しましょう。人は皆、自分の価値を認めてほしいと思っていることを肝に銘じてください。

提案

相手を変えようとせず、受け入れることから始めよう。

第 2 章

相手に敬意を示す

9

聞き役に徹する

人の心をとらえるための最も重要なスキルのひとつは、相手の話に耳を傾けることです。相手の話を聞けば聞くほど、あなたは好かれます。なぜなら、あなたには希少価値があるからです。ほとんどの人は相手の話にあまり耳を傾けません。

聞き上手は話し上手より得をします。なぜなら、人は皆、自分の話を聞いてほしいと思っているので、聞き上手な人は相手の願望を満たすことができるからです。

自分ばかり話していると相手はひいてしまいますが、相手の話に耳を傾けると包容力のある優しい人物に映ります。なぜなら、自分の知識を披露するのではなく、相手を重要な存在とみなしていることを態度で示しているからです。

聞き上手になるにはどうすればいいのでしょうか？

相手に興味を持ち、全神経を集中しましょう。相手の話に賛同していることを示

提案

自分の知識を披露するより相手の話に耳を傾けよう。

すために、相手を見ながらうなずき、ときには微笑むことも必要です。

ひと言も聞き漏らすまいという気持ちで話に耳を傾けると、相手はあなたに好意を抱きます。そして、ときおり質問しましょう。「それで、どうなったのですか？」「そのときどうしましたか？」という簡単な質問で十分です。

相手が話し始めたら、アドバイスをしたくなる衝動を抑えてください。解決策を提示するのではなく、相手を理解するよう努めることが大切です。相手の話をさえぎらずに最後まで聞きましょう。

アドバイスをしたくなったら、相手の許可を求めましょう。たいていの場合、相手は最後まで話をすると、おのずと解決策を思いつきます。

相手の話に耳を傾けると、あなたの会話力は向上し、人間関係は強固になります。話を聞いてもらっていると感じると、相手はあなたに信頼を寄せます。

10

第三者の評価を伝える

たいていの場合、人びとは他人の自己PRに対して疑いを抱きます。しかし、人間とはそういうものですから仕方ありません。あなたが何を言おうと、相手はあなたが自分（の商品やサービス）を売り込もうとしていると勘ぐって警戒するのです。

人びとは他人から何かを押しつけられるのを嫌い、自分の意思で決定をくだそうとします。そこで、相手を納得させるには、第三者の評価を伝えると効果的です。専門家のお墨付きやユーザーのコメントが大いに役立ちます。たとえその場にいない人でも、その発言は威力を発揮します。

・もし何かを売っていて、顧客からその商品について尋ねられたら、他の顧客の意見を紹介する。

・もし誰かがあなたの信用力について知りたがっているなら、取引先が期日どおりに代金を支払ってもらって満足していることを指摘する。
・もし転職の面接を受けようとしているなら、新しい雇い主に対して、過去の雇い主や同僚があなたの仕事ぶりを称賛していることに言及する。

以上のやり方に共通しているのは、あなたが直接答えるのではなく、顧客や取引先、過去の雇い主や同僚に間接的に答えてもらっていることです。

要するに、自分で自分の素晴らしさを吹聴しても疑われますが、第三者の意見を通じて同じことを言うと信用してもらいやすいということです。もし自分を信用してほしいなら、この人間心理の特徴を利用するといいでしょう。

提案

第三者の意見や統計などを引用して自分の信用力をアピールしよう。

11

相手に「イエス」と言わせる

たぶんあなたはこのテクニックをすでに知っているでしょう。しかし、もしまだ知らないなら、これはあなたの人生を変える力を持っています。相手に「イエス」と言わせることができるかどうかは、運ではなくスキルによるものです。

1　相手にどんなメリットがあるかを伝える

人は皆、自分の利益を追求するために行動します。そこで、もし何かをしてほしいなら、それをすればどんな得になるかを相手に説明しましょう。

2　「イエス」と答えたくなる質問をする

何度か「イエス」と答えたくなる質問をすると、相手はずっと「イエス」と答えたくなります。たとえば、「幸せになりたいですか？」「自由を手に入れたいですか？」

提案
お互いが恩恵を得られる質問の仕方を工夫しよう。

「不安のない人生を送りたいですか？」といった具合です。

3　2つの「イエス」から選ばせる

「イエス」か「ノー」ではなく、どちらでも「イエス」という答えになる質問をしましょう。たとえば、「これになさいますか？」ではなく「ご購入の際は現金かクレジットカードのどちらにされますか？」と質問すれば、成約率がぐんと高まります。また、「デートしてもらえませんか？」ではなく「明日か明後日、デートしてもらえませんか？」と質問すれば、成功率は飛躍的に高まります。もちろん100%というわけにはいきませんが、このやり方が功を奏しやすいことはたしかです。

4　相手が「イエス」と答えてくれるという自信を持つ

今までの人生を振り返れば、大きな自信があったときは「イエス」という答えが得られたはずです。必ず「イエス」と言ってもらえるという自信を持てば、うまくいく確率がぐんと高まります。

12

コミュニケーション能力を磨く

成功している人に共通していることのひとつは、コミュニケーション能力が非常に高いことです。彼らは自分の考え方や気持ち、要求、願望を正確に表現する方法を知っています。そういう人は表現力が足りない人よりずっと有利です。

しかし、たとえ表現力が足りなくても心配する必要はありません。これは意外と簡単に克服することができます。次の3つのヒントを参考にしてください。

1 たわいのないことについて話すのを恐れない

2 完璧な会話をしようとせずに自然に振る舞う

3 打ち解けるためにごく気軽に雑談をする

提案

相手について質問し、じっくり聞こう。

雑談がうまくなるためのおそらく最高の方法は、相手に自分自身について話してもらうことです。相手の関心事について質問しましょう。相手は自分自身に関するエキスパートです。相手が話し出したら、あなたはひたすら聞いてください。そしてまた質問するというふうにすれば、相手はたいてい喜んで話してくれます。なぜなら、誰もが自分について話したがっていて、話をじっくり聞いてくれる人を探し求めているからです。

相手の話をじっくり聞くことは、信頼を得るための最も効果的な方法です。相手の話をさえぎらずに聞き役に徹すれば、相手はあなたに親愛の情を抱き、「話を聞いてくれてありがとう」と感謝するはずです。

13

相手に話をさせる

人間はたいてい自己中心的です。あなたも人間ですから、ついつい自分について話したくなるかもしれません。自分の素晴らしさを吹聴して相手に感銘を与え、自分を認めてほしいと思う気持ちはよくわかります。

しかし、人間関係で得をしたいなら、その衝動を抑えましょう。自分が話すより相手に話させたほうが、相手はあなたをより高く評価してくれます。なぜなら、たいていの場合、相手は自分について話したがっているからです。自分を理解してもらおうとするのではなく、相手を理解しようと努めると人間関係がうまくいくことを覚えておいてください。

相手と話す前に、「この状況で何を得たいのか？」と自分に問いかけましょう。相手と取引をしたいのか？　相手の好意を取りつけたいのか？　相手の許可を得たい

提案

自分について話したいという衝動を抑えよう。

のか？　もしそうなら、相手に話をさせたほうが得策です。どうしても自分をよく見せたいなら、自分について延々と話せばいいでしょう。しかし、それによって何かが得られると思ってはいけません。

成果をあげたいなら、相手に話をさせて聞き役に徹しましょう。聞かれたときだけ自分について話せばいいのです。もし相手があなたに興味を持っていれば、あなたに質問するはずです。そのときは自分について少しだけ話をし、そのあとは相手に話をさせるといいでしょう。

14

自分らしく振る舞う

よい人間関係を築きたいなら、自分らしく振る舞わなければなりません。自分ではない人物を演じるのではなく、本当の自分を相手に見てもらいましょう。とはいえ、最初は難しいかもしれません。なぜなら、人は皆、あるがままの自分を相手に気に入ってもらえないかもしれないという不安を抱いているからです。

しかし、そんな心配は不要です。それは想像にすぎません。私たちは心の中でドラマをつくり、そのシナリオにおびえることがよくあります。

自分の強みを知り、弱みを受け入れ、ミスに対して責任をとりましょう。ただそれだけのことです。きっと人びとはあなたに親近感を抱いてくれます。あなたは批判を恐れているかもしれませんが、彼らは本当のあなたを愛してくれるはずです。

最悪なのは、気に入ってもらうために媚びを売ることです。これは人との上手な接し方ではなく、低い自尊心のあらわれです。自分が本当に思っていることを言いましょう。だからといって無礼なことを言ってもいいということではありませんが、誠意を持って本音を話すことが大切です。

仮面をかぶるのはよくありません。他人に好かれようとして自分ではないものになりすますのをやめて、自分らしく振る舞いましょう。そうすれば、信頼や友情を得ることができます。興味深いことに、誠実な気持ちで自分らしく振る舞えば振る舞うほど、相手の心をとらえることができます。

提案

嫌われることを恐れず、本当の自分を見せよう。

15

行動を起こす

何かをすると言うだけで、行動を起こそうとしない人を知っていますか?

あなたはそういう人になってはいけません。もし何かを変えたいと思うなら、しゃべるのをやめて行動を起こしましょう。

行動は言葉より雄弁です。人の心をとらえたいなら、自分がしようと思っていることについて話すだけではだめで、それを行動で示すことが不可欠です。家族や友人、会社、地域のために貢献すると言うばかりで、それを行動で示さない人は信頼を失い、遅かれ早かれ誰からも相手にされなくなります。

さらにまずいことに、口先だけで行動がともなわない人は自分を信じることができなくなり、自尊心が大きく低下します。「自分は口先だけの人間だ」と痛感することになるからです。そしてそれが高じると、「自分は無価値な人間だ」という深刻な悩みにつながります。

いったん何かをすると周囲の人に言ったら、それを行動で示しましょう。相手を助けたいと言うだけでなく、実際に助けてあげましょう。恵まれない人のために尽くしたいと言うだけでなく、慈善事業に少しでも寄付してください。自分は一生懸命に働くと上司に言うだけでなく、それを仕事ぶりで示すことが大切です。

提案

自分が言ったことを今すぐ行動で示そう。

16

相手の間違いを証明しない

あなたはいつも正しいとはかぎりません。しかし、たとえ自分が正しくても、相手の間違いを証明しないほうが得策です。どんな人でも自分の間違いを証明されるのをいやがるからです。しかも、プライドが傷つくようなやり方で自分の間違いを証明されたら、相手はそれを絶対に認めようとしないでしょう。相手の気分を害したら、相手の意見を変えることはまず不可能です。

「あなたの間違いを証明しよう」と言うのは、「私はあなたより賢いから、あなたの間違いを証明できる」と言っているようなものです。その結果、相手は反発して自説にこだわることになります。だからもし相手の間違いを証明したいなら、もっと利口な方法でしなければなりません。つまり、それとなく相手の間違いを知らせるのです。

まず、自分が間違っている可能性があることを認めましょう。それによってその場の状況が一変します。「私が間違っているかもしれないので、一緒に考えてみませんか」と提案すれば、相手の反発を抑えることができます。自分が間違っているかもしれないと言っている人に反発する人はいないはずです。このやり方なら相手はあなたに心を開いてくれます。

礼儀正しく相手の意見に敬意を示しましょう。相手の立場に立って理解するよう努めることが大切です。そうすれば、ぶっきらぼうに「あなたは間違っている」と決めつけるよりもずっとうまくいきます。

「私は間違っているかもしれない」と言うと、相手はたいてい共感してくれるはずです。もし自分の正しさにこだわり、相手の間違いを指摘せずにいられないなら、やがて誰も近づかなくなり、孤独な人生を送ることになります。

提案

相手の意見に敬意を示し、間違いをそれとなく知らせよう。

第3章

信頼関係を築く

17

他人の陰口を言わない

人と上手に接したいなら、他人の陰口を言うのは厳に慎まなければなりません。

他人についての最新情報を聞きたくなる気持ちはわかりますが、他人の噂話が好きな人は、いつもどこかで他人の陰口を言っている可能性があります。

具合の悪いことに、あなたが他人の陰口を言うと、それを聞いている人は自分もどこかであなたに陰口を言われていると勘ぐります。その結果、あなたは自分の評判を落とすはめになります。

したがって、もし誰かが他人の陰口を言い始めたら、あなたにとっての最善策はすぐに話題を変えることです。たとえば、「私は他人のゴシップには興味がないので、お互いの近況について話しませんか」と提案するといいでしょう。あるいは、「すみませんが、私は他人の陰口を言うのが好きではありません」と単刀直入に言ってもいいかもしれません。

陰口は大きな誤解の原因になるおそれもあります。他人についてまったく無害な話をしても、それが人から人へと伝わるうちに話に尾ひれがつくことがよくあるからです。たとえば、誰かが風邪をこじらせて寝込んでいると言っただけなのに、その人が瀕死の状態にあるかのように伝わることすらあります。

陰口を言うことによって自分の信用を落とさないように気をつけてください。会話をするときは常に誠実な内容であることを心がけ、お互いが恩恵を得るよう配慮することが大切です。

提案

誰もが誠実な人と付き合いたいと思っていることを思い出そう。

18

相手を批判しない

人の心をとらえたいなら、相手を批判してはいけません。人は皆、批判されるのが大嫌いです。誰もがほめられたいと願い、自分を認めて大切に扱ってほしいと思っています。批判されるのが好きな人は1人もいません。

批判する前に相手の立場に立って考えましょう。私たちが出会うすべての人は、人生で独自の戦いを繰り広げていて、私たちはそれがどのようなものかを知りません。私たちも人生で独自の戦いを繰り広げていますが、それがどのようなものかは他人にわからないのと同じです。

人には親切に接しましょう。言うのは簡単でも、実行するのは難しいかもしれません。しかし、相手の心をとらえるには非常に重要なことです。

相手について気に入らないことがあるとき、少し立ち止まって考えてみましょう。

提案

他人を批判しそうになったら、自分を反省しよう。

それはあなたが自分について気に入らないことかもしれません。相手を批判するたびに自分を批判している可能性があることに気づいてください。

他人について「いやだな」と感じるとき、私たちは自分を反省する必要があるのかもしれません。自分もその人と同じことをしている可能性があるからです。

具体例を紹介しましょう。人生がうまくいっていない人ほど、どう生きるべきかを他人に説教したがります。借金を抱えている人ほど、財務に関するアドバイスをしたがります。肥満で困っている人ほど、健康的な食生活を紹介したがります。家の中が散らかっている人ほど、片づけの指導をしたがります。

私は他人を批判しないようにいつも心がけています。自分が批判している相手と同じ状況におちいっていることに気づいたことがよくあったからです。そのとき初めて相手の気持ちを理解することができました。「相手の靴を履いて遠くまで歩いてみろ」という格言は真実です。

19

すべての人を許す

他人に恨みを抱いている人と一緒に過ごしたことがありますか？　そのときどんな気分でしたか？　楽しかったですか？　おそらくそんなことはないはずです。

この問題を解決する唯一の方法は、相手を許すことです。それは人間関係にとって好ましいだけでなく、成功と幸福への近道でもあります。

相手を許すことは正しいかどうかという問題ではなく、平常心を保ってエネルギーを浪費しないための方策です。たとえ不当な扱いをした相手でも許しましょう。それはあなた自身のためなのです。

他人に対して恨みを抱き、怒りや憎しみを心の中で何度も再現することは有害な習慣であり、心身の健康を損なうおそれがあります。相手を恨み続けることは、自分が毒を飲んで相手が死ぬのを期待するようなものです。

もしあなたが誰かを恨んでいるなら、今日からすべての人（自分自身を含めて）を許しましょう。繰り返しますが、それは相手のためではなく自分のためです。いったん相手を許して恨みを捨てれば、心の重荷を取り払うことができます。その結果、ぐっすり眠れますし、現在の人間関係をもっと楽しむことができます。

他人を恨み続けても何の役にも立ちません。そんなことでは事態はますます悪化します。なぜなら、過去の傷にいつまでもこだわると、心の持ち方がネガティブになり、さらに不快な経験を引き寄せるおそれがあるからです。

ただし、相手を許すというのは、相手に好き放題にさせるという意味ではありません。それは恨みを捨てて過去の呪縛から解放され、再び自由を手に入れることを意味しています。明るい未来を切り開くうえで、これは非常に大切なことです。

提案

過去の傷にこだわらず、現在の人間関係をよりよいものにしよう。

20

約束を守る

長い年月をかけて築いた評判でも、一瞬で台無しになることがあります。その典型が、約束を破ったときです。口先だけで行動がともなわないなら、誰もあなたを信頼しなくなります。これは非常に具合の悪い事態です。なぜなら、仕事でもプライベートでも、すべての人間関係は信頼で成り立っているからです。

しかも、事態はさらに悪化します。なぜなら、周囲の人があなたを信用しなくなるだけなく、あなたも自分を信頼できなくなるからです。約束を破ると自分自身が精神的に大きな痛手をこうむることになります。

究極的に、他人との約束は自分との約束です。したがって、約束を破ると、「私の言葉にはなんの価値もないから、私にはなんの価値もない」というメッセージを自分に対して送ることになります。

これを避ける3つの方法を紹介しましょう。

1 守れない約束は絶対にしない
2 本気ではないことは言わない
3 すると言ったことは必ずする

大きなことを約束して、小さなことしかしないなら、自分の評判を落とすはめになり、人びとは離れていきます。

そこで、それと正反対のことをしましょう。小さなことを約束して、大きなことをするのです。そうすれば、周囲の人が高く評価してくれるだけでなく、あなた自身も自分を高く評価することができます。常に約束を果たすと、お互いに気分よく過ごすことができます。

提案

相手からの期待と自分への信頼のために約束を果たそう。

21

議論を避ける

議論に勝つことは本当にできるのでしょうか？　おそらくできません。たとえ「勝つ」ことができたとしても、相手の共感が得られる可能性はほとんどゼロです。

論破された相手があなたを好きになると思いますか？　たいていの場合、自分の正しさを主張するより友好関係を維持したほうがずっといいということを肝に銘じてください。

相手は議論に負けると気分を害し、最悪の場合、メンツを失います。それでは相手の心をとらえることはできません。自分が相手よりよく知っていることを見せつけて自己満足にひたっても、何の得にもならないのです。

議論を避けましょう。議論をしても、9割以上の確率でお互いに自分が正しいと確信する結果になります。どんな場合でも議論に勝つことはできません。議論に負ければ、あなたの負けですが、議論に勝っても、あなたの負けです。あなたが議論に勝てば、相手はプライドを傷つけられて反感を抱くからです。ちなみに、あなたが議論に負けたとしても、あなたは依然として自分の正しさを確信するのではないでしょうか。

上司と議論して得をしたことはありますか？ その結果、あなたは昇進を果たしましたか？ 顧客と議論して自分の正しさを主張したとき、その顧客は喜んで買ってくれましたか？ おそらくそんなことはないはずです。できるかぎり、お互いの意見が一致しない点より一致する点に意識を向けたほうが得策です。

議論を仕掛けられたら、相手に賛同しましょう。もし相手が「青い車は赤い車よりかっこいい」と主張したら、「そうですね」と言えばいいのです。議論を避けるのは弱さの証しではなく強さの証しです。相手に逆らって議論すれば、ときには勝てるかもしれません。しかし、相手の好意を得ることはできませんから虚しい勝利です。勝利か相手の好意か、あなたはどちらを手に入れたいですか？

提案

議論に勝つことより相手の好意を得ることを優先しよう。

22

自分にしてほしいことを相手に対してする

すべての伝統的な宗教に共通しているのは、自分にしてほしいことを相手に対してするという教えです。それを常に実践すると多くのトラブルを回避できるだけでなく、公私にわたって充実した人生を送って大きな喜びを得ることができます。

たとえば、もっとほめてほしいなら、相手をもっとほめましょう。もっと愛されたいなら、相手をもっと愛しましょう。自分の価値をもっと認めてほしいなら、相手の価値をもっと認めましょう。

見返りを求めずにそれを実行すれば、どんな状況でもよい人間関係を築くことができます。たとえば、カフェに行ったときに丁寧に注文すれば、手厚くもてなしてもらうことができます。

最近、ＳＮＳで興味深い漫画を見つけました。それにはこんなフレーズと料金表が書かれていました。

コーヒー！　　5ドル
コーヒーをください。　　3ドル
こんにちは。コーヒーをもらえますか。　　1ドル

人は皆、自分の価値を認めてもらい重要な存在だと感じたがっています。だから誰かが心を込めてその願望を満たしてあげれば、きっと多くの人の人生が変わるはずです。あなたはその誰かになることができます。しかも、それはいつでもどこでも元手なしでできます。

提案

相手の価値を認めていることを言葉で伝えよう。

23

相手の名前を呼ぶ

名前は一人ひとりのアイデンティティーに深くかかわっています。それは自分を他の人と区別するためのもので、この世で最も重要な単語だといえます。

ところが、ほとんどの人は相手の名前を呼ぼうとしません。たいていの場合、自分のことばかり考えていて、相手に十分な注意を払っていないからです。

そもそも、なぜ相手の名前を呼ぶ必要があるのでしょうか。まず、それは最も単純で最も深遠な成功法則のひとつだからです。相手の名前を呼ぶと、気づかいや誠意が伝わります。それは礼儀正しさの証しでもあります。信じられないぐらい簡単なことですが、この事実を過小評価しないでください。

相手の名前を呼ぶと、強いインパクトを与えることができます。相手を重要な存在とみなしていることが伝わるからです。これは特別な関係の始まりになる可能性があります。なぜなら、相手はあなたに敬意を払ってもらって自尊心を満たすことができるからです。

誰にとっても自分の名前は最も心地のいい響きを持っています。だから会話の中で自分の名前を呼んでもらうと気分がよくなり（ただし、会話の内容はポジティブなものでなければならない）、相手と気持ちがつながり、「この人は私を認めてくれた」という喜びがわいてきます。

人の心をとらえるのが上手な人は、相手を世の中で最も重要な存在のように感じさせるすべを心得ています。そういう人の特徴のひとつは、会話の中で頻繁に相手の名前を呼ぶことです。

行きつけのお店で、ぜひこれを試してみてください。店長、レジ係、ウェイター、ウェイトレス、清掃係の誰であれ、心を込めて相手の名前を呼ぶと魔法のような効果があります。

提案

名前を呼んで、相手を尊重していることを伝えよう。

24

自分の間違いを認める

間違いを犯すことは悪くありません。人は皆、間違いを犯します。ときおり間違いを犯すからといって、自分は無能だとか役立たずだと思う必要はありません。

自分の間違いを認めることができない人に出会ったことはありませんか？　その人は言い訳をしたり自分を正当化したりしたはずです。あるいは、他人のせいにしたかもしれません。あなたはそのときどう感じましたか？　その人を信頼しようと思いましたか？　その人を好きになって一緒に過ごしたいと思いましたか？　おそらくそんなことはないはずです。

その経験からどういう結論を導くべきでしょうか？　他人と信頼関係を築きたいなら、どんなに難しくても、自分の間違いを認める勇気を持たなければなりません。言い訳をしたり自分を正当化したりするのは逆効果です。

提案

間違いをすすんで認め、教訓を学んで次に生かそう。

自分の間違いをすすんで認めることは、ぜひとも身につけるべき習慣です。それは希少な資質ですから、多くの人はそういう人に出会うと感動するでしょう。

間違いを認めて責任をとるのは精神的な強さを必要としますが、間違いを否定するために言い逃れをするよりはるかに健全であり、自分を罪悪感から解放することができます。

ただし、間違いから何も学ばず、同じ間違いを何度も繰り返すと問題が発生します。もしそうなら、教訓を学んで今後に生かすようにしてください。

25
感謝の気持ちを言葉で伝える

感謝の気持ちは絶大な力を発揮します。感謝の気持ちを持つことは自分の人生によいものを次々ともたらすだけでなく、すでに身の回りにあるよいものに気づくきっかけになるからです。

相手の心をとらえ、新しい友人をつくるには、感謝の気持ちを持つことは不可欠です。ただし、どんなに感謝の気持ちを持っていても、黙っていては意味がありません。感謝の気持ちは言葉にして相手にきちんと伝えなければならないのです。

人は皆、自分への感謝の気持ちを表現してくれる人に好意的に対応したくなります。相手に感謝の気持ちを伝えると、何倍にもなって戻ってきます。

感謝の気持ちを言葉で伝えることは、多くの恩恵をもたらします。ほんの2、3週間でも実践すれば、より幸せで楽観的になり、社会的なつながりが広がることに気づ

提案

誠実な気持ちで感謝の気持ちを伝えて人間関係を好転させよう。

くはずです。さらに、睡眠の質を改善することもできます。ふだんの生活の中でよりエネルギッシュになり、人格が円満になり、寛容の精神を育み、うつ状態や不安、孤独におちいりにくくなります。

感謝の気持ちを言葉で伝えることは、相手にも恩恵をもたらします。これはぜひ試してみる価値があります。ただし、基本的なルールを守らなければなりません。

繰り返しますが、感謝の気持ちを言葉で伝えるときは誠実な気持ちでなければ意味がありません。あなたが本当に感謝しているかどうかは、誰でもすぐに見抜きます。誠実な気持ちでないなら、先ほど述べたような恩恵を得ることはできません。

感謝の気持ちを言葉で伝えるときは、相手の目を見て笑みを浮かべ、はっきりとした口調で「ありがとう、○○さん」と言うと効果的です。相手の名前を付け加えると、効果がさらに大きくなります。人間関係を好転させるうえで、感謝の気持ちを言葉で伝えることほど重要なことはそう多くありません。

第 4 章

相手の長所を引き出す

26

相手に秘められた能力に期待する

部下が一定の成果をあげられなければ、叱りたくなるかもしれません。しかし、それでは部下の反感を買うばかりで、本人の仕事ぶりはますます低下するおそれがあります。その人を解雇しても、適切な問題解決にはならないでしょう。一般に、新しい従業員を雇って訓練するには、古い従業員の給料の3倍のコストがかかります。

こういう場合、優秀な上司なら本人を呼んで対話をし、ふだんの仕事ぶりをほめたうえで、「最近、君の調子がよくないようだから、本来の調子を取り戻すのを手伝わせてほしい」と提案するでしょう。

相手の資質を伸ばしたいなら、相手がすでにその資質を発揮しているかのように振る舞うと効果的です。ドイツの文豪、ゲーテはそれを約200年も前に知っていて、「相手のあるべき姿に期待すれば、相手がそうなるのを手伝うことができる」という名言を残しています。

相手に過去の成果を思い起こさせ、あるべきビジョンを与えて信頼を寄せれば、相手は期待に応えるために全力を尽くします。これは心理学で「ピグマリオン効果」と呼ばれています。相手の秘められた能力に期待すると、それが現実になるのです。

1963年、ハーバード大学の心理学者ロバート・ローゼンタール教授の研究チームが小学校で知能テストを実施したとき、「3人の子供が特に優秀な結果を収めた」と教師に報告しました。学年末に再び知能テストを実施したところ、前回と同じ3人が特に優秀な結果を出しました。しかし、その3人は普通の子供で、研究チームがランダムに選んだだけでした。教師が子供に秘められた能力に期待することによって、子供はその能力を開花させたのです。

ピグマリオン効果はあらゆる状況で確認できます。同僚、子供、配偶者、友人、知人の誰であれ、相手に寄せる期待は現実になる可能性が高いのです。

提案

相手を批判するのではなく、期待していることを伝えよう。

27

命令せずに、さりげなく提案する

人びとは命令されるのを嫌います。人間とはそういうものなのです。

そこで、相手の心をとらえたいなら、さりげなく提案するといいでしょう。たとえば、こんなふうに相手に質問を投げかけるのです。

「もしかしたら、ほかにも方法があるのではないでしょうか？」

「こんな選択肢はどうでしょうか？」

「このアイデアについてはどう思いますか？」

「それ以外のやり方のほうがいいのではないでしょうか？」

相手に自分の決定に従って行動する機会を与えましょう。相手が自分で解決策を思いつき、自らそれを実行に移せるようにするのです。そうすれば、相手は体面を保つことができます。このやり方なら相手は喜んで協力してくれますし、反感を買う

提案

相手の協力が得やすくなる質問の仕方を考えてみよう。

のを避けることもできます。

適切な質問を投げかけることは、成果をあげるためのよりよい方法であるだけではありません。それは相手の創造性をかき立てることにもなります。また、相手が決定のプロセスに参加させてもらったと感じるなら、たとえ意に沿わない決定でも受け入れやすくなります。

部下や友人、家族を動かすうえで、さりげなく提案することは、命令するよりもずっと効果的です。適切な質問を投げかければ、相手は自分で解決策を見つけることができます。ぜひこのやり方で相手のやる気を引き出してください。

28

謙虚さを保つ

どんなときでも謙虚さを保ちましょう。謙虚な人は精神的に弱くて自尊心に欠けると思っている人もいますが、実際にはそんなことはありません。謙虚さは美徳であり、人格の強さの証しです。たいていの場合、ビジネスやスポーツで長年にわたって成功している人は常に謙虚です。あなたは謙虚な人と傲慢な人のどちらと一緒に過ごしたいですか？

謙虚な人は誰からも好かれます。謙虚な人の特徴を列挙しましょう。

・自分の間違いを素直に反省する
・批判を真摯に受け止める
・他人に対する批判を慎む

・自分を不当に扱った人を許す
・自分が不当に扱った相手に謝罪する
・不公平な扱いを受けたことを許す
・他人の長所に目を向ける
・他人の成功を喜ぶ
・自分が受けている恩恵の数を数える
・人びとに奉仕する機会を探し求める
・自分の成功に対して感謝の気持ちを持つ
・他人の功績を認める
・人びとのために尽くす
・失敗したら責任をとる
・地位に関係なく他人に敬意を表する

提案

謙虚さは強さの証しであることを肝に銘じよう。

29

相手を新しい視点から見る

何かに意識を向けることにどんな力があるか知っていますか？

じつは、これは日常生活の中で最大の影響力を持つことのひとつなのです。たとえば、新しい車を買おうと思っていたら、それと同じ車をいたるところで目にしたという経験は誰にでもあるはずです。つまり、何かを強く意識すると、それをますます見るようになるのです。これを心理学では「選択的知覚」と呼びます。

この現象を人間関係にも応用し、相手を次のような新しい視点から見ましょう。

・相手の強みは何か？
・相手が持つ独特の魅力は何か？
・相手はどんな才能を持っているか？

・相手がとてもうまくできることは何か？
・相手の公私にわたる最大の功績は何か？

相手の短所ではなく長所に意識を向けると、どんな結果になるでしょうか？　相手の長所がますますよく見えて人間関係が好転します。

実際、これはすべての人間関係を好転させる魔法です。たとえば、配偶者の短所について小言を言うのではなく、長所に意識を向ければ、どんな結果になるか想像してみてください。突然、相手の長所が際立ってよく見えてくるはずです。

同じことが部下との関係についてもあてはまります。部下の強みに意識を向けましょう。相手は自分の強みに目覚めて、それを存分に発揮しようと努めるはずです。

提案

相手の長所に意識を向け、秘められた能力を引き出そう。

30

すべての人に敬意を払う

人生で出会うすべての人に敬意を払ってください。すべての人があなたと同じように複雑な事情を抱えています。あなたが特別な存在であるのと同様、彼らも特別な存在です。

相手を批判するのではなく、相手にチャンスを与えましょう。あなたは出会うすべての人から何かを学ぶことができます。

もちろん、相手に敬意を払って親切にしても、がっかりさせられることもあるでしょう。場合によっては利用されることもあるかもしれません。しかし、それはあなたの問題ではなく、相手の問題です。それは素晴らしい人たちにめぐり合うための代償だと考えてください。

無礼な人にも敬意を払いましょう。たいていの場合、そういう人こそ、あなたの親切を最も必要としています。繰り返しますが、もしその人が無礼な振る舞いをするなら、それはあなたの問題ではなく、その人の問題です。

無礼な人に対する最善策は、その人に笑顔を見せることです。どんなに無礼な人でも、親切に接してあげれば、やがて心を開いてくれます。

「自分がしたことは自分に返ってくる」という格言を思い出してください。もしあなたが誰かに素晴らしい接し方をすれば、あなたはいずれ素晴らしい人を引き寄せることができます。

提案

無礼な人に対しても親切な接し方を心がけよう。

31

10分前には到着する

人間関係をよくするためには、約束の時間を守るという些細な礼儀を大切にする必要があります。

約束の時間を守ることは、他者に対する敬意の証しです。約束の時間が守れないなら、どんなに善良な人でも礼儀をわきまえない横着者という印象を与えかねません。まだ納得がいかないなら、「人びとは待たされると相手の欠点を思い浮かべる」というフランスのことわざを肝に銘じましょう。これが絶対に真実だとは断言できませんが、場合によってはそうかもしれません。

もちろん、文化的な違いもあります。たとえば、スペインでは時間について大らかですが、ドイツでは約束の時間を守らないとプロ意識が足りないとみなされ、チャンスをつぶしてしまうおそれがあります。実際、顧客との待ち合わせに15分遅れたた

提案

約束の時間より10分早く到着して心を落ち着けよう。

めに10万ドルの契約をふいにしたケースすらあるほどです。

あなたは「忙しいときは少しぐらい遅れてもかまわない」と思っているかもしれません。しかし、相手は軽く見られたと感じて許してくれないこともあります。

約束の時間を守りましょう。だからといって特に緊張する必要はありません。約束の時間を守るのは相手のためだけでなく自分のためでもあるのです。そこで、10分前に現地に到着することをおすすめします。そうすることによって会議や交渉で幸先のいいスタートを切ることができます。なぜなら、その10分間で心を落ち着けて準備を整えることができるからです。

この習慣を実行すると、精神的に余裕を感じることができます。時間どおりに行くと落ち着かないぐらいです。ぜひ試してみて自分の人生に役立つかどうか見きわめてください。

32

正直かつ誠実に相手をほめる

ほめられたいと思うのは、すべての人に共通する根源的な願望です。人は皆、重要な存在だと感じたがっていて、自分をほめてほしいと思っています。

ほめられて嬉しくなった経験は誰にでもあるはずです。一日中いい気分になり、場合によってはそれを思い出して1週間ぐらい気分よく過ごしたこともあるかもしれません。作家のマーク・トウェインは「私はほめてもらうと、2週間は愉快な気分で過ごせる」と言っています。あなたはどうでしょうか。

研究によると、管理職が部下の仕事ぶりをほめると、生産性が3割も向上するそうです。ほめることを重視する環境で働いていると、物心両面で大きな恩恵を得ることができます。

しかし、実際のところ、そんな研究は必要ないのかもしれません。自分がほめられ

提案

毎日、周囲の人に心を込めてほめ言葉をかけよう。

たときにどんな気分になったかを思い出せば、答えは明らかだからです。

人の心をとらえる秘訣を紹介しましょう。ほめる価値があると思ったら、その思いを心の中にしまっておくのではなく、誠実な気持ちで口に出してください。きっと奇跡を起こすことができます。しかも、嬉しいことにコストはかかりません。

相手の長所を探して、心を込めてほめることを習慣にしましょう。その際、漠然とほめるのではなく、具体的に表現してください。たとえば、「あなたは素晴らしい」ではなく、「あなたの仕事ぶりは素晴らしい」という具合です。

人をほめることには驚異的な作用があります。相手だけでなく自分も幸せな気分にひたれるからです。人をほめると自分に善行を施すことができます。相手が喜んでいるのを見て、自分も愉快な気分で過ごせるからです。

33

お手本を示す

私たちはたえず周囲の人の行動や態度に影響を与えています。それには家族や友人、知人、同僚、見知らぬ人などが含まれます。そこで問題となるのは、自分がその人たちにどんな影響を与えているかということです。

他人に好ましい影響を与える最善の方法は、お手本を示すことです。自分がしてほしいと思う方法で他人に接しましょう。こんなふうにしてほしいと思う態度をとることが大切です。「周囲の人は自分を映し出す鏡だ」という格言を聞いたことがあるかもしれません。この格言の意味をよく考えてください。

相手を変える最もいい方法は、自分が変わることです。たとえば、「ジムに行って運動しなさい」と相手に言うなら、まず自分がジムに行って運動しましょう。部下に何かをしなさいと命令するなら、まず自分がそれを実行しましょう。あなたが真剣な態度を示せば、相手も真剣になります。

いきなり相手を変えることはできません。あなたにできることは、相手をあるがままに受け入れ、最善を尽くしてお手本を示すことです。

同僚や配偶者について不平を言っても何の役にも立ちません。そんなことをするより、自分が最高の同僚や配偶者になればいいのです。「相手を変えよう」という発想から「自分が変われば、相手も変わるかもしれない」という発想に切り替えれば、すべてが変わります。

提案

相手を変えようという思いを捨て、自分を変えることから始めよう。

34

相手にアイデアを思いつかせる

なんらかのアイデアを実行する必要に迫られたとき、自分で思いついたアイデアと他人から押しつけられたアイデアのどちらがいいですか？

おそらく前者と答えるはずです。しかし、それはあなただけではありません。すべての人が自分で思いついたアイデアがいいと考えます。他人からアイデアを押しつけられるのが好きな人はいません。私たちはなんらかの決定をくだすとき、自分で思いついたアイデアだと感じたがるものです。

人間とはそういうものですから、それを否定するのではなく活用するのが得策です。そのための最もいい方法は、相手の心の中にさりげなく自分のアイデアを植えつけて、それについてしばらく考える時間を与えることです。数日後、相手はまるで自分がそのアイデアを思いついたかのように主張することがよくあります。

提案

相手に自分でアイデアを思いついたと感じさせる工夫をしよう。

第 5 章

相手の自尊心を大切にする

35

クレームを円満に処理する

クレームを処理する最善の方法を知っていますか？　それは相手に話をさせることです。しかも、それは貴重な情報源になります。

クレームを突きつけられても、身構える必要はありません。相手はクレームを円満に処理して問題を解決してほしいだけです。話をじっくり聞いてあげれば、相手は自分が抱えている問題に注目して気づかってもらったことに感謝するはずです。

相手に話をさせて聞き役に徹することがクレーム処理の基本です。相手にさまざまな質問をして辛抱強く耳を傾けましょう。相手が思いのたけをすべて吐き出すのを手伝ってあげてください。

対面の場合は相手の目を見て頻繁にうなずき、興味を持っていることを伝えると効果的です。聞きながらメモをとってもいいでしょう。とにかく、ひたすら耳を傾け

提案

クレームには辛抱強く耳を傾けて解決策を探そう。

ることが大切です。場合によっては聞きたくないことを言われるかもしれませんが、しばらく我慢してください。

クレームは、改善点を教えてくれる素晴らしいフィードバックです。たとえば、どこで問題が生じたのか、どうすれば問題を解決できるのか、相手は何を求めているのか、といったことです。

早合点をせずに解決策を探りましょう。相手が言っていることを参考にしてください。じっくり話を聞けば、必ず解決策が見えてくるはずです。

36

相手のメンツを立てる

人間関係について語るうえで、これは非常に重要なことですが、ふだんそれについて考える人はあまりいません。

私たちは他人の感情を無視しがちです。人前で他人を平気で叱り、どんな被害が発生するかを考えずに他人を脅し、相手のプライドを傷つける言動をすることすらあります。しかし、ほんの数秒間でも相手の立場に立って考え、もう少し配慮をすれば、すべての被害を未然に防げるはずです。

相手のメンツを立てるだけの思いやりを持たなければ、一瞬で人間関係を破壊してしまいます。どんなに多くの善良な人たちが上司や同僚と折り合いがつかずに職場を去っていったことでしょうか。「人びとが転職するのは、他の上司の下で働きたいからだ」という格言を聞いたことがあるはずです。

提案

相手がミスしたときは、脅すのではなく励まそう。

誰かがミスをしたら、その人のメンツを立てましょう。一時の感情に翻弄されて人間関係を台無しにしてはいけません。ましてや「おまえはダメだ」とか「何をしてもうまくできないのか」といった相手の人格を否定する発言はご法度です。

「ミスをするのは普通のことだ」とフォローして相手を励まし、信頼していることを伝えましょう。これは奇跡的な効果を発揮します。ミスをした人は落ち込んでやる気をなくすどころか、信頼に応えるためにやる気を出して全力を尽くすからです。

37

まず自分のミスについて話す

どうしても相手に注意を促さなければならないとき、まず自分のミスについて話すと効果的です。

相手のミスを指摘する前に、過去の自分を振り返ってください。あなたも若かったときや新人だったときに初めて何かをして同じようなミスをしたのではないでしょうか。もしかすると、相手は当時のあなたよりもずっと仕事ができるのかもしれません。

あなたが当時の自分のミスについて話せば、きっと相手はあなたの指摘に抵抗を感じずに耳を傾けることができます。あなたの謙虚な態度は相手の心を開かせることができるからです。

まず自分のミスについて話しましょう。正直な人という印象を相手に与え、好感

提案

まず自分のミスについて話し、相手をほめよう。

度を高めることができます。そんな人はめったにいないので、人びとはあなたを慕うでしょう。おそらく相手は反省して、ミスをしないように気をつけるはずです。

もうひとつの効果的なテクニックは、相手のミスを指摘する前に相手をほめることです。最初にほめられると、そのあとで注意されても冷静に指摘を受け入れることができます。

38

相手が動きたくなるように工夫する

たとえ親しい相手であっても、人は皆、命令されるのをいやがります。そこで、相手が喜んでしたくなるように工夫することが大切です。

相手に何かをしてほしいとき、3通りの伝え方があります。

1 「それをすれば、素晴らしい未来が手に入る」

たんに命令するだけでは相手は喜んで動いてくれません。要望に応えれば、どんな恩恵が得られるかを具体的に説明してください。その際、相手が喜んで協力したくなるような言い方をするのがポイントです。もちろん、誠実な気持ちでなければ意味がありません。

2 「あなたはこの仕事の適任者だ」

人は皆、重要な存在として扱われたいと思っていることを思い出してください。相手に何かをしてほしいときは、相手のプライドをくすぐるような言い方をすると効果的です。といっても、たんにお世辞を言うのではなく、相手の存在価値を心から認めていることを強調する必要があります。

3 「あなたが引き受けてくれれば、みんなが恩恵を得ることができる」

これは2と似ていますが、特に相手の責任感に訴える言い方です。相手を含めて全員が恩恵を得ることができると伝えれば、相手は喜んで協力してくれます。

もちろん、これらのやり方が必ずうまくいくとはかぎりませんが、厳しい口調で脅したりプレッシャーをかけたりするよりずっと効果的です。

提案

脅すのではなく、相手が喜んで動きたくなる理由を説明しよう。

39 上手に協力を求める

あなたは叱られるのが好きですか？　そんなことはけっしてないはずです。叱られるのは誰でもいやなものです。

したがって、どうしても他人を叱らなければならないときは適切な方法を使う必要があります。ただし、ストレスを発散させたり自分の優位性を証明したりすることが目的なら、やめておいたほうが無難です。本書のテーマは心をとらえることで、敵をつくることではありません。

では、そのためのコツを紹介しましょう。

1　第三者がいない場所で注意する。「ほめるときは人前で、叱るときは二人きりで」というルールに従ってください。残念ながら、その逆をする人があまりにも多いのが現状です。ほめるときは二人きりで、叱るときは人前でするからです。しかも、めったにほめません。これでは人間関係が台無しになります。

2 最初にほめる。 相手を叱るときは、まずほめてからにしましょう。ほめて、叱って、またほめるというこのやり方は「サンドイッチ方式」と呼ばれ、友好的な雰囲気でやりとりを終えるのに役立ちます（次項参照）。

3 個人攻撃をしない。 相手の人格を批判するのではなく、相手の特定の行動を注意しましょう。

4 解決策を探す。 相手を叱るときは、解決策を一緒に探して適切な方法を見つけるように提案すると効果的です。

5 協力を求める。 要求するより協力を求めると相手の快諾が得やすくなります。

6 1回の違反に対して叱るのは1回にする。 がみがみ言うといやがられます。

7 優しい口調で話す。 ソフトな話し方のほうが相手は素直に応じてくれます。

提案

相手を向上させるための工夫をしよう。

40

ほめて、改善点を指摘し、再びほめる

人びとは批判されるのを嫌います。しかしだからといって、いつも遠慮ばかりしているわけにはいきません。そこで、率直に意見を言う必要に迫られたとき、建設的な批判をするよう工夫しなければなりません。

そんなときはまず相手の長所を見つけて、それをほめることから始めましょう。次に、改善点を指摘し、そのあとで再び好ましい点をほめて話を終えるようにすると効果的です。

また、改善点を指摘するときも、それを単刀直入に言うのではなく、相手の気持ちを考えながら婉曲的に表現すべきです。たとえば、「もし改善すべき点があるとすれば、それは～でしょうね」とか「こんなふうにすればもっとよくなるかもしれませんね」といった具合です。

相手の長所をほめて会話を始め、ポジティブなムードで会話を終えるようにすれば、家庭でも職場でも人間関係は大きく好転します。たえずがみがみ言っている配偶者や愚痴ばかりこぼしている上司のそばにいたいと思う人はいません。そこで、この「サンドイッチ方式」を使えば、奇跡的な変化が生じます。

最後にもうひと言。まず長所をほめたあとで、「しかし」と言ってはいけません。「しかし」と言ってしまうと、それまで心を込めてほめたことが台無しになります。たとえば、「お客さんに上手に接してくれて嬉しかった。しかし……」と言うと、相手はそれまでの称賛を忘れて、そのあとに続く批判に意識を向けますから、不愉快な気持ちになります。この問題を解決する方法は簡単です。「しかし」ではなく「そして」と続けて改善点を指摘し、それから「〜してくれて、とてもよかった」と締めくくればいいのです。

提案

まず長所をほめ、次に改善点を指摘し、最後に再び長所をほめよう。

41

叱るより、ほめる

他人を叱るのは有益ではありません。相手は保身に走って自己弁護をしようとするだけだからです。

他人を叱るのは危険です。相手の大切なプライドを傷つけてしまい、恨みを買うおそれがあるからです。

叱るよりほめたほうが相手は協力してくれますから、お互いが得をします。たとえば、プレゼンテーションの前で「おい、この前みたいな失敗は絶対にするなよ」と叱るより、「君は話すのがうまいから、きっと素晴らしいプレゼンができるよ」とほめたほうが、相手は気分をよくして成果をあげやすくなりますし、あなたも満足することができます。

「叱ったほうがやる気を出す」という考え方は見当違いです。大人であれ子供であれ、叱られるとやる気をなくしてしまいます。人間とはそういうものですから、家庭でも職場でも同じことです。

したがって、どうしても叱らなければならないときだけ、できれば誰もいないところで愛情を込めて叱るのが最善策です。

相手を諭して変えたくなることは誰にでもあるでしょう。しかし、本人が変わりたいと思わないかぎり、その試みは徒労に終わります。

あなたがすべきことは、まず自分が変わって相手にお手本を示すことです。それが最も生産的な行為だといえます。

提案

相手を叱りたくなったら、その気持ちを抑えて、まず自分が変わろう。

42

からかったり皮肉を言ったりしない

人と話すときは、からかったり皮肉を言ったりしないように気をつけてください。第三者がいるときはなおさらです。

からかったり皮肉を言ったりするのは、けっして素晴らしい愛情表現ではありません。そんなことをしてユーモアのセンスを高く評価してもらえると思ったら大間違いです。

また、からかったり皮肉を言ったりするのは、自分の聡明さを示す方法としても適切ではありません。そんなことをして相手があなたを好きになるはずがありません。それどころか、エチケットを知らない無粋な人という印象を与えてしまい、共感を得にくくなります。

からかったり皮肉を言ったりするのがよくないもうひとつの理由は、相手の自尊

提案

どんなときでも最低限の礼儀をわきまえよう。

心を傷つけるからです。たとえ冗談であっても人間関係に大きなダメージを与えるおそれがあります。そのときは特に問題が発生しなくても、デリカシーのない人と思われると人望を失いかねません。

あなたは他人にからかわれたり皮肉を言われたりするのが好きですか？　そんなことはけっしてないはずです。

43

すべての人の存在価値を認める

相手の人間としての価値を認めないなら、あなたはさんざんな目にあうことでしょう。それはすべての人間関係の終わりの始まりです。そのために口論や離婚、離職などの好ましくない事態が発生します。

人間関係に支障をきたす最もよくある間違いは、次のとおりです。

・人前で叱る
・ひと言もほめない
・進捗状況を伝えない
・意見を求めない
・功績を認めない

・えこひいきをする
・不公平な態度をとる

誰もが自分の存在価値を認めてほしいと思っています。だから相手のそういう願望を満たせば、相手は喜んで味方になってくれます。

相手のことを大切に思っていると、それは言葉と態度にあらわれます。相手はそれを感じ取って、あなたに好意を抱くはずです。

誰もが自分を認めてほしいと思っています。もし相手の存在価値を認めているなら、本人にそれを伝えて、その人の自尊心を満たすよう配慮してください。その結果、相手は心を開いて友好的になり、頼みを快く聞き入れ、よりよい子供、配偶者、部下、上司になってくれます。

提案

相手の存在価値を認めていることを言葉と態度で伝えよう。

第 6 章

周囲の人を幸福にする

44

心を込めてほめる

最近、ほめ言葉の力に関する興味深い研究が発表されました。ハーバード大学の心理学者、ショーン・エイカーによると、従業員はほめられるとさらに勤務を続け、ほめられない場合よりずっとよく働くことがわかったのです。ある会社の従業員に「職場での最高の日」を尋ねたところ、上司にほめられた日とたいてい一致していました。

ほめ言葉の力を活用しましょう。相手が少しでも進歩していたら、ためらわずに大いにほめてください。ほめることによって、相手の向上心をさらにかき立てることができます。

誰かにほめられて、やる気がわいてきた経験は誰にでもあるでしょう。人は皆、ほめられると元気が出てきて、果敢に人生を切り開こうとします。たとえば、世界的に

提案

ほめることによって相手の意欲を高めよう。

有名なオペラ歌手、エンリコ・カルーソーは子供のころに音楽の教師から「歌が下手だ」とけなされてくじけそうになりましたが、母親から「素晴らしい歌声だ」とほめられて努力を重ねました。

他人の短所を指摘して小言を言うのではなく、長所を積極的にほめれば、奇跡を目の当たりにすることができます。ほめられると相手は気分をよくし、意欲を高めますから、できるだけミスをなくして成果をあげるためにより一層の努力をします。

ただし、ほめるときは、具体的に表現しましょう。たんに「よくできた」と言うだけでは十分ではありません。相手がどんなふうによくできたのか、それがあなたや職場全体にとってどんな意味を持つかを端的に説明してください。

私たちが肝に銘じなければならないのは、誰もが自分をほめてほしいと思っているということです。ただし、相手をほめるときは、誠実な気持ちでなければなりません。ほめ言葉には相手の人生を好転させる力があることを覚えておきましょう。

45

よい第一印象を与える

よい第一印象を与えるための時間はわずか3秒です。あなたの最初の言葉と態度がその後の流れを決定づけます。したがって、ポジティブな雰囲気で会話を始めることが大切です。そのコツは、事前に「相手との会話から何を得たいのか?」と自問することです。

相手にどう思われるかが心配かもしれませんが、それはあなただけではありません。ほとんどの人がそういう心配をしています。

ここで朗報を紹介しましょう。あなたがどう思われるかは自分次第なのです。相手はあなたが自分に対して抱いている認識をもとにあなたの印象を決めます。もし自分の期待どおりに相手が思ってくれなかったなら、自分の胸に手をあててください。あなたは自分に対してどんな認識を持っていますか?

提案

いつも誠実に振る舞い、ポジティブな会話を心がけよう。

自分らしく振る舞いましょう。本当の自分ではない人物になろうとすると、相手に違和感と不信感を与えるおそれがあります。自分らしさを大切にしましょう。自分らしさを大切にすればするほど、周囲の人もそれを尊重してくれます。ただし、誠実な気持ちで相手を思いやらなければ、成果は得られません。

よい第一印象を与えるためには、楽しい会話を心がける必要があります。文句ばかり言う人と一緒にいて楽しいと思う人がいるでしょうか。

相手に好かれているという自信を持ちましょう。あなたが出会う人たちの少なくとも半数は、あなたを好いてくれます。もし相手に好いてもらえなければ、「この人は残りの半数の1人なのだ」と割り切って考えればいいのです。

46

礼状を書く

人間関係を好転させる画期的な方法は、礼状を書くことです。驚くべきことに、これは相手だけでなく自分にも恩恵をもたらします。礼状は相手への礼儀と親切心の証しであるだけでなく、自分の幸福感を高め、抑うつ状態をやわらげるからです。簡単なメールでもそういう効果が得られます。

感謝の気持ちは、良好な人間関係を築くための最も大切な要素のひとつです。それはまた、人間関係を台無しにする強欲や羨望、嫉妬、怒り、傲慢などのネガティブな感情を中和する働きを持っています。

実際、感謝しながら不幸な気持ちにさいなまれることはありません。感謝しながら心配することもありません。感謝しながら怒りを覚えることもありません。感謝の気持ちを持つことには、それくらい大きな意味があるのです。

提案

感謝の気持ちを相手に伝えて、お互いに幸せな気持ちにひたろう。

身近な人に感謝の気持ちを伝えることを毎日の習慣にしましょう。親、子供、配偶者、職場の同僚がしてくれていることを思い浮かべ、心のこもった礼状を書くと効果的です。

人は皆、感謝されたいと思っています。ふだんなんらかのかたちでお世話になっている人たちに直筆で礼状を書き、感謝の気持ちを伝えましょう。その人たちのおかげで世の中がよりよくなっていることを知らせてあげてください。

47

友好的に接する

人間関係で恩恵を得るための最善策は、人びとに友好的に接することです。あたりまえのことなので書く必要はないぐらいですが、多くの人を観察すると、それをすっかり忘れているように見受けられます。

実際、あまりにも多くの人が自分のことばかり考えているのが現状です。しかし、好き勝手な振る舞いをすれば、自分はすっきりしていいかもしれませんが、相手はどう感じるでしょうか？　相手は喜んで協力してくれるでしょうか？　おそらくそんなことはないはずです。

相手に何かをしてほしいなら、ときには難しいかもしれませんが、友好的に接するべきです。友好的に接すれば、相手もたいてい友好的に接してくれます。多くの場合、怒りをあらわにしても、ほしいものは手に入りません。

提案

気難しい相手には友好的に接してみよう。

人間は感情の生き物です。怒ったり脅したりするのではなく、心を込めて友好的に接すれば、どんなに頑なな態度をとる相手でも気持ちが変わり、あなたを助けてあげたいと思うものです。

ジョセフ・マーフィーは著書の中で「相手が無礼な態度をとっても、あなたが親切な態度をとれば、相手の心をとらえることができる」と言っています。多くの顧客と接する人は、この教えを実践するといいでしょう。効果のほどは実証済みです。

私は学生時代にレストランでウェイターのアルバイトをしていたとき、無礼な客が入店すると、相手の心をとらえる絶好の機会だと思って友好的に接しました。その結果、9割以上の確率でうまくいき、しかも、たいていチップを多めにもらうことができました。

48

いい人になる

人に好かれて友達をつくりたいなら、そのためのシンプルな方法があります。それは、いい人になることです。

いい人になると他人にだまされて損をするという思いを捨ててください。たしかにその可能性はありますが、いい人になることによって他人に利用されることより、素晴らしい人たちとの出会いが生まれることに意識を向けてください。

だからといって、他人に利用されても容認すべきだと言っているのではありません。他人に善意を踏みにじられたと感じたら、毅然とした態度で抗議し、場合によっては縁を切るべきです。そうすることによって、あなたが失うものはありません。

長い目で見れば、いい人になると必ず得をします。「自分がしたことは自分に返ってくる」という格言を思い出してください。人びとの役に立つために全力を尽くしましょう。

最後にひと言。いい人になっても、都合が悪ければ断る権利があります。法外な要求に対しては遠慮なく断る権利を行使してください。

提案

いい人になって素晴らしいい人たちとの出会いを楽しもう。

49

楽観的になる

あなたが一緒にいたいと思うのは、どんな問題に対しても解決策を提示する楽観主義者か、どんな解決策に対しても問題を指摘する悲観主義者のどちらですか？

おそらく前者と一緒にいたいと思うはずです。

人の心をとらえたいなら、笑みを絶やさず、ポジティブな波動を発してください。相手はあなたとずっと一緒にいたがるはずです。

幸い、楽観主義は遺伝によるものではなく、学習を通じて身につけることができます。楽観主義者と悲観主義者の違いは、出来事をどう解釈するかです。悲観主義者は好ましくない出来事を恒久的なこととみなし、「もうどうしようもない」とすぐに頭を抱えます。一方、楽観主義者は好ましくない出来事を一時的なこととみなし、「がんばればなんとかなる」と前向きに考えます。

提案

楽観主義者になって周囲の人を元気づけよう。

言い換えると、悲観主義者が失敗を致命的な出来事とみなしてあきらめるのに対し、楽観主義者は失敗を成功への踏み台とみなして飛躍を続けるということです。楽観主義者になると、さらに多くの恩恵を得ることができます。楽観主義者は全般に成功しやすいのです。免疫力が強化されるので、より長生きすることもできます（だからといって不健康なライフスタイルを正当化することはできません。一日にタバコを40本も吸えば、健康を損なうおそれがあります）。

楽観主義者になって周囲の人を元気づけましょう。そのための元手は不要です。ただし、根拠のない楽観主義では成果が得られません。遅かれ早かれ、根拠のない楽観主義は幻滅や失望、無力感につながります。

現実的な楽観主義者はプラス思考だけでは不十分であることを理解しています。だから、成功するためには情熱を燃やして努力する必要があることを熟知し、そのための努力を惜しみません。

50

ポジティブな話し方をする

話し方は心の持ち方に大きな影響をおよぼします。実際、悲観的な話し方をする人は、楽観的な話し方をする人よりはるかに悪い経験をする傾向があります。これは最新科学の知見ではなく、誰もがふだんの生活で経験していることです。

現実を直視しましょう。悲観的な話し方をする人より楽観的な話し方をする人と一緒にいるほうがずっと楽しく過ごすことができます。たえず不平ばかり言っている人と一緒にいても楽しいはずがありません。

もちろん、友達や同僚の悩みには耳を傾けるべきですが、他人の愚痴をさんざん聞かされることを望む人はあまりいないでしょう。不幸なことに、感情と言葉は伝染しやすいので、そういう人とずっと一緒に過ごしていると、自分もその人と同じ暗い世界に引きずり込まれることになります。

提案

愚痴や不平を言うのを慎もう。

重大な問題を抱えているなら、信頼できる友達かカウンセラーに相談しましょう。人前で不平を言ってはいけません。そんなことをすると、魅力のない人になってしまいます。SNSでたえず不平を言っている人を思い浮かべてください。あなたはそういう人が魅力的だと思いますか？

もし人前で不平を言いたくなったら、「自分が抱えている問題を他人に言ってはいけない。2割の人はそれを気にとめないし、8割の人はあなたが問題を抱えていることを知って喜ぶ」という格言を思い出してください。

51

誠実な気持ちで励ます

誰かに「絶対に無理だ」と言われたので何かをしなかったことは今まで何回くらいありますか？

人は皆、たえず限界を感じながら生きています。実際、あまりにも多くの人が「自分には才能がない」「どうせ無理だ」「できるはずがない」と思い込んでいるのが現状です。そして、そのためにまったく挑戦しなかったり、取りかかってもすぐにあきらめたりします。

多くの人はマイケル・ジョーダンがバスケットボールの天才として生まれてきたと思っていますが、彼がふだん練習に膨大な時間を費やしたことを知りません。

多くの人はマイケル・フェルプスがオリンピックで23個の金メダルを獲得するために生まれてきたと思っていますが、平日に猛練習するだけでなく、週末に12時間泳

提案

相手に自信を持たせ、成果をあげるのを手伝おう。

いでライバルより年間624時間も多く努力したことを知りません。

多くの人は持って生まれた才能がすべてだと思い込み、努力の大切さを過小評価しがちです。しかし、新しいことに挑戦しようとするとき、以上の事実を思い出してください。一生懸命に努力すれば、必ず道は開けます。

もしあなたが部下や子供や配偶者に「才能がない」「どうせ無理だ」「できるはずがない」と言い、相手が不幸にもそれを信じてしまうと意欲を喪失します。

しかし、もしあなたが「辛抱強く努力すれば成果が出る」と言って相手を励ませば、きっと目覚ましい成果が得られるはずです。

相手を励まして自信を持たせてあげましょう。そうすれば、必ず奇跡が起こるはずです。

52

相手の自尊心を満たす

誰もが自分は重要な存在だと感じたがっています。すべての人を駆り立てる原動力は、自分の自尊心を満たすことです。

あなたが出会う人は皆、口では何と言おうと、重要な存在だと感じたがっていて、自分を認めてほしいと思っていることを知っておいてください。

自分を好きな人だけが、他人に対して寛容になることができます。自分との関係が良好な場合にのみ、他人と良好な関係を築くことができるのです。自分をより好きになって初めて、他人をより好きになることができます。自分に満足すればするほど、他人に批判的でなくなり、広い心で相手を受け入れることができます。

自分を受け入れて認めることは、よい人間関係の出発点です。高い自尊心を持っている人の特徴は、幸せにあふれ、寛容で付き合いやすいことです。彼らは精神的に安定しているので、自分の間違いを素直に認めることができます。

一方、低い自尊心しか持っていない人の特徴は、精神的に不安的で、傲慢で、疑い深いことです。そういう人にとって、周囲の人は自尊心を脅かす存在です。派手好きで、虚栄心が強く、威張っている人ほど自尊心が低く、精神的に不安定です。

だからもしそういう人に会ったら、寛容の精神を発揮して優しく接してあげてください。精神的に不安定な人ほど周囲の人の理解と支援を必要としています。傲慢な振る舞いは、「どうか私の自尊心を満たすのを手伝ってください」という切実な願望のあらわれなのです。

たいていの場合、低い自尊心しか持っていない人は、自分を重要な存在に見せるために相手をこき下ろします。自分の弱さを見破られるのを恐れているので、先制攻撃を仕掛けるのです。しかし、もしあなたが相手の長所を見つけて心を込めてほめると、相手は自尊心を満たすことができますから好人物に変身します。

提案

自分を好きになり、他人に対して寛容になろう。

第7章

相手の人生に貢献する

53

共感を示す

「あなたを批判するつもりはまったくありません。もし私があなたなら、たぶん同じことをしたと思います」

このフレーズを自分の語彙に加えてください。これは悪い感情を排除し、善意を育み、相手の心をとらえるのに役立ちます。

前述のとおり、他人を批判してはいけません。あなたが出会う人は皆、人知れず厳しい戦いを強いられていることを思い出してください。

無礼で、イライラし、腹を立てている人に対しては、批判するのではなく共感を示しましょう。その人が求めているのは、自分が強いられている厳しい戦いに共感して「あなたの気持ちはよくわかります」と言ってくれる人です。ぜひそういう人になりましょう。

提案

いらだっている人の気持ちを思いやろう。

54

相手の立場に立って考える

共感は人間関係で成功するためのカギのひとつです。他人を批判するのはたやすいことですから誰でもできます。

一方、他人を理解するのはそう簡単ではありません。しかし、そのために粘り強く努力するなら、相手の心をとらえることができます。

相手の立場に立って考えましょう。たとえば、相手の行動の根底にはどんな気持ちが隠されているか、自分が相手と同じ状況ならどんなふうに感じるか、といったことを想像してください。これはすべての人間関係の基本です。

他人と接してどのくらい成果をあげるかは、相手の立場に立って考える度合いによって決まります。

相手の立場に立って考え、その人の考え方や気持ちを察してください。そうすれば、相手の反応はたいへんポジティブなものになります。相手の考え方や気持ちを共有するように働きかけてください。

常に共感を持ってコミュニケーションをとることが大切です。相手の立場に立って考える習慣を身につければ、口論や摩擦を未然に防ぎ、それまでよりはるかに大きな成果をあげることができます。

提案

常に相手の考え方や気持ちを共有し、一緒に成果をあげよう。

55

完璧主義におちいらない

もしあなたが相手に完璧を求めるタイプなら、人間関係でたえず大きないらだちを感じることになります。なぜなら、そんな高い基準を満たせる人はどこにもいないからです。

完璧主義は人間関係の大敵だといえます。完璧主義者は相手をいつも批判しがちです。配偶者や友人、同僚に完璧主義を押しつけると、問題は悪化します。相手に完璧であることを期待すると、必ず失望することになります。そして最悪の場合、相手を受け入れることができなくなります。

また、完璧主義者は失敗した自分を受け入れられないために自尊心が台無しになり、他者との健全な人間関係を築くことが困難になります。

自分にも相手にも完璧であることを期待してはいけません。常に最善を尽くすことを心がけているかぎり、たとえ完璧な結果が得られなくても、ある程度のレベルで満足することが大切です。そうすれば、仕事でもプライベートでもお互いに幸せな気分で過ごすことができます。

提案

自分にも相手にも完璧を求めず、お互いに満足して過ごそう。

56

健全な自尊心を持つ

人の心をとらえたいなら、安定した本物の自尊心を持つ人になる必要があります。それは傲慢で利己的なナルシストとは違います。彼らは偽物の自尊心しか持っていません。そういう人は自分の価値を認めているふりをしているだけです。

何かを見せびらかしたり威張ったりする人は、たぶん本物の自尊心を持っていません。実際、そのような振る舞いは健全な自尊心とは相容れないものです。できれば、そういう人とは一緒にいたくないでしょう。さらに具合の悪いことに、偽物の自尊心しか持っていない人は、たえず他人をけなす傾向があります。それだけでなく、彼らは自分自身をも頻繁にけなします。

健全な自尊心を持っている人と付き合いましょう。彼らは常に謙虚で、何かを見せびらかす必要を感じません。

提案

健全な自尊心を持ち、周囲の人にお手本を示そう。

健全な自尊心を持つためには努力する必要があります。健全な自尊心を持つと、人の心をとらえることができます。あなたがお手本を示せば、偽物の自尊心しか持っていない人は身構える必要がないことに気づき、傲慢さや利己心を捨てて本物の自尊心を育むために努力するはずです。

57

自分の問題を解決するよう努める

多くの人は自分が抱えている問題を解決しようとせず、問題から逃げるために膨大な時間と労力を費やしています。しかし、問題について不平を言うばかりで、それを解決するために努力しない人と一緒にいても楽しくありません。たいていの場合、そういう人と付き合うとストレスがたまります。

あなたはそういう人にならないために、自分が抱えている問題を迅速に解決するよう努める必要があります。問題から逃げても意味がありません。なぜなら、いくら逃げても、問題は追いかけてくるからです。問題を解決しないなら、教訓を学ぶまで何度でも再発し、同じようなトラブルにたびたび見舞われるでしょう。さらに具合の悪いことに、問題を早期に解決しないと、それはますます悪化し、いずれ事故や病気、訴訟などのかたちで災難が降りかかるおそれがあります。

提案

問題から逃げるのではなく解決する習慣を身につけよう。

問題の責任をとらずに先延ばしにするのは、エネルギーの浪費です。その結果、不安が募り、眠れない夜が続き、気分が悪くなります。

いったん恐怖に立ち向かって問題を解決すると、爽快な気分になり、問題から逃げ回るより解決に取り組むほうがずっと簡単であることがわかるはずです。問題を「学習と成長のための機会」とみなしましょう。そうすれば、問題解決に取り組むのが容易になります。

人生では次から次へと問題が発生します。大切なのは、その問題にどう対処するかです。振り返ってみれば、あなたが人生で直面した問題は、どれをとってもプラスの側面を持っていたはずです。たとえば、なんらかの失敗から教訓を学んだおかげで、さらに大きな失敗を防ぐことができた、といったことです。本当につらいとき、人生か神様か宇宙が試練を与えて自分がそれを解決できるかどうか試していると考えるといいでしょう。

58

相手の人生を好転させる

ほめ言葉は相手の人生を変える力を持っています。デール・カーネギーは名著『人を動かす』の中で、ほめ言葉が相手の人生を好転させた実例を紹介しています。

・チャールズ・ディケンズは子供のころに実家が破産し、工場で過酷な労働を強いられたが、編集者に作品をほめられ、やがてイギリスの国民的作家になった。

・H・G・ウェルズは青年時代に将来を悲観し、母校の校長先生に苦境を訴える手紙を書いたところ、文章力をほめられ、やがて世界的なSF作家になった。

・ローレンス・ティベットは聖歌隊の一員としてかろうじて生計を立てていたが、有名な作曲家に歌唱力をほめられ、やがてオペラ界を代表する歌手になった。

提案

相手をほめて能力を発揮するのを手伝おう。

これらの実例からどんな教訓を学ぶことができるでしょうか？　それは、能力を存分に発揮できるようにほめてあげれば、八方ふさがりのように見える場合でも勇気をふるって道を切り開くことができるということです。

ハーバード大学の教授を務めた偉大な心理学者、ウィリアム・ジェームズは、こう言っています。

「本来の能力と比べると、私たちは半分しか目覚めていない。人間は心身の能力のごく一部しか活用していないのが実情だ。誰もがふだん使っていない多種多様な力を秘めたまま、自分の小さな限界の中で生きている」

まったくそのとおりです。私たちが日ごろ接している人は皆、ふだん使っていない多種多様な力を秘めています。相手の潜在能力を見抜いて、それを存分に発揮するように励ましてあげましょう。

59

相手の長所を見つける

長所を見つけて指摘すると、相手は気分をよくしてそれをもっと伸ばそうとします。逆に、短所を指摘すると、相手は気分を害してふてくされたような態度をとります。しかし、人間とはそういうものですから仕方ありません。

そこで、人に会うたびに、その人に秘められた資質を見つける努力をしてください。誰もが独自の長所を持っています。「この人の才能は何だろうか？」と自問しましょう。相手をよく観察すれば、なんらかの長所が必ず見つかります。

相手の長所を見つける習慣は、あまり友好的ではない人に対して寛容の精神を発揮するのに役立ちます。「この人は素晴らしい素質を持っているのだけれど、きっと今日は機嫌が悪いに違いない」と思うことができるからです。

提案

人に会うたびに、相手のすぐれた点を見つける努力をしよう。

60

批判されても争わない

誰かに批判されたら、謝罪をして相手の見解に共感を示しましょう。そうすれば、相手も謝罪をして、あなたの見解に共感を示してくれるはずです。

批判されても上手に受け止めるすべを身につければ、どんな人でも味方につけることができます。それはまるで魔法のようです。

相手に何かをしてほしいなら、大きな声を出して脅しても何の役にも立ちません。大きな声で脅せば、相手は言うことを聞くかもしれませんが、不本意なので反感を抱くおそれがあります。

相手を脅すのではなく、相手に共感を示してください。そうすれば、どんな人でも心を開き、あなたのために何かをしてあげたくなるはずです。

提案

脅すのではなく優しい気持ちで相手に接しよう。

おわりに

親愛なる読者の皆様、本書を最後まで読んでくださり、ありがとうございます。しかし、これは始まりにすぎません。

私にとって、本書を書くのはとても楽しい作業でした。楽しみながら読んでいただけることを願っています。

とはいえ、たんに読むだけでは人間関係は好転しません。紹介した数々のテクニックは、ふだんの生活に応用して初めて価値のあるものになります。本書が公私にわたってお役に立てれば望外の喜びです。

円満な人間関係を築いて、より幸せになり、より大きな成功を収め、よりよい人生を送りたいなら、本書で学んだことを今から実践してください。

ただし、すべての項目を一気に実践する必要はありません。気に入った項目から始めて、徐々にふだんの生活に取り入れるといいでしょう。ご存じのとおり、どんなに小さな変化でもやがて大きな変化をもたらします。本書のテクニックの効果はすべて証明済みです。

しかし残念ながら、せっかく効果的なテクニックを学んでも、それを実践する人はごくわずかしかいません。あなたにはその少数派の一人になってほしいと思います。本書のテクニックにはそれだけの価値があることをお約束します。

心の姿勢は常に重要です。うまくいかないときでも、前向きな心の姿勢を維持してください。

目標に向かって努力しているとき、私たちはある意味で試されています。たとえば、ふだんの生活の中で周囲の人との関係がぎくしゃくすることがあるかもしれません。そんなときこそ、本書で学んだことを実践してください。きっと大きな成果が得られるはずです。

マーク・レクラウ

心をとらえる60の法則

発行日　2018年　11月20日　第1刷

Author　マーク・レクラウ

Translator　弓場隆
Book Designer　坂川朱音

Publication　株式会社ディスカヴァー・トゥエンティワン
〒102-0093　東京都千代田区平河町2-16-1 平河町森タワー11F
TEL　03-3237-8321（代表）
FAX　03-3237-8323
http://www.d21.co.jp

Publisher　干場弓子
Editor　藤田浩芳

Marketing Group
Staff　小田孝文　井筒浩　千葉潤子　飯田智樹　佐藤昌幸　谷口奈緒美　古矢薫
蛯原昇　安永智洋　鍋田匠伴　榊原僚　佐竹祐哉　廣内悠理　梅本翔太
田中姫菜　橋本莉奈　川島理　庄司知世　谷中卓　小木曽礼丈　越野志絵良
佐々木玲奈　高橋雛乃

Productive Group
Staff　千葉正幸　原典宏　林秀樹　三谷祐一　大山聡子　大竹朝子　堀部直人
林拓馬　塔下太朗　松石悠　木下智尋　渡辺基志

Digital Group
Staff　清水達也　松原史与志　中澤泰宏　西川なつか　伊東佑真　牧野類　倉田華
伊藤光太郎　高良彰子　佐藤淳基

Global & Public Relations Group
Staff　郭迪　田中亜紀　杉田彰子　奥田千晶　連苑如　施華琴

Operations & Accounting Group
Staff　山中麻吏　小関勝則　小田木もも　池田望　福永友紀

Assistant Staff　俵敬子　町田加奈子　丸山香織　井澤徳子　藤井多穂子　藤井かおり
葛目美枝子　伊藤香　鈴木洋子　石橋佐知子　伊藤由美　畑野衣見
井上竜之介　斎藤悠人　平井聡一郎　宮崎陽子

Proofreader　文字工房燦光
DTP　株式会社エストール
Printing　中央精版印刷株式会社

● 本書へのご意見ご感想は下記からご送信いただけます。
http://www.d21.co.jp/contact/personal

ISBN978-4-7993-2386-1